LA POÉSIE DE
LA BONNE BOUFFE

The Poetry of Good Eats

Gary Dickson

La Poésie de la Bonne Bouffe

The Poetry of Good Eats

Poésie

Published by River Grove Books
Austin, TX
www.rivergrovebooks.com

Copyright ©Gary Dickson

All rights reserved.

Thank you for purchasing an authorized edition of this book and for complying with copyright law. No part of this book may be reproduced, stored in a retrieval system, or transmitted by any means, electronic, mechanical, photocopying, recording, or otherwise, without written permission from the copyright holder.

Distributed by River Grove Books

Design and composition by Éditions Bergame
Cover design by Éditions Bergame

Publisher's Cataloging-in-Publication data is available.

Print ISBN: 978-1-63299-292-5

eBook ISBN: 978-1-63299-293-2

US Edition

« The primary requisite for writing well about food is a good appetite. Without this, it is impossible to accumulate… enough experience of eating to have anything worth setting down. Each day brings only two opportunities for field work, and they are not to be wasted minimizing the intake of cholesterol. They are indispensable, like a prizefighter's hours upon the road. »

– A.J. Liebling

*À ma femme, Susie,
partenaire dans toutes les bonnes choses…*

*To my wife, Susie,
My breakfast, lunch, dinner and
sometimes mid-night snack partner*

SOMMAIRE

PRÉFACE	13
PREFACE	15
LES PETITS POIS	21
GARDEN PEAS	22
LES PETITS POIS À LA FRANÇAISE	23
PEAS À LA FRANÇAISE	25
LE CHAMPAGNE	26
CHAMPAGNE	27
GRATIN DE FRAISES AU CHAMPAGNE	28
CHAMPAGNE WITH STRAWBERRIES	29
DATTES ET NOIX	30
DATES AND WALNUTS	31
GÂTEAU AUX DATTES ET AUX NOIX	32
DATE AND WALNUT CAKE	34
LE CHOCOLAT	36
CHOCOLATE	37
UNE SAUCE AU CHOCOLAT	38
CHOCOLATE SAUCE	39
LES ASPERGES	40
ASPARAGUS	41
ASPERGES VERTES ET LA MAYONNAISE MOUSSELINE À LA CIBOULETTE	42
ASPARAGUS WITH MOUSSELINE SAUCE	44
CAVAILLON MELON	46
CAVAILLON MELON	47
SALADE DE MELON ET MOZZARELLA AU BASILIC	48
CANTALOUPE SALAD & FRESH MOZZARELLA WITH BASIL	49

CHAROLAIS	50
CHAROLAIS	51
FILET DE CHAROLAIS AU MÂCONNAIS FONDANT, ÉCHALOTES RÔTIES ET GRENAILLES	52
FILET MIGNON WITH SHALLOT-RED WINE SAUCE	54
L'AGNEAU	55
LAMB	56
LE CARRÉ D'AGNEAU	57
RACK OF LAMB	58
LA BOUILLABAISSE	59
FISH SOUP	60
LA BOUILLABAISSE ULTRA-FACILE	61
BOUILLABAISSE SIMPLIFIED	63
L'ARTICHAUT	65
ARTICHOKE	66
ARTICHAUTS ET VINAIGRETTE À LA FRANÇAISE	67
ARTICHOKES AND VINAIGRETTE	69
VACHERIN	71
VACHERIN	72
VACHERIN MONT D'OR AU FOUR	73
BAKED VACHERIN MONT D'OR	74
LA SOLE MEUNIÈRE	75
SOLE MEUNIÈRE	76
LA SOLE MEUNIÈRE	77
SOLE MEUNIÈRE	78
LA BLANQUETTE DE VEAU	80
VEAL WITH CREAM SAUCE	81
LA BLANQUETTE DE VEAU	82
VEAL STEW IN WHITE SAUCE	84
LE MIEL DE CORSE	86
HONEY FROM CORSICA	87

BRIOCHE AU MIEL	88
CINNAMON TOAST, BUTTER & HONEY	90
LE LOUP DE MER	91
MEDITERRANEAN SEA BASS	92
LOUP DE MER GRILLÉ	93
GRILLED LOUP DE MER WITH BRAISED FENNEL	95
LA TRUITE AU BLEU	97
BLUE TROUT	98
TRUITE AU BLEU	99
BLUE TROUT	100
LA FONDUE	101
FONDUE	102
LA FONDUE SAVOYARDE	103
FONDUE SAVOYARDE	105
LA FRAISE DES BOIS	106
WILD STRAWBERRIES	107
TARTE AUX FRAISES ET CRÈME ANGLAISE	108
STRAWBERRIES WITH CRÈME ANGLAISE	110
LE ROQUEFORT	111
ROQUEFORT	112
GRATIN DE POMMES DE TERRE AU ROQUEFORT	113
ROQUEFORT POTATO GRATIN	115
TRUFFES NOIRES	116
BLACK TRUFFLES	117
OMELETTE AUX TRUFFES NOIRES	118
OMELET WITH BLACK TRUFFLE AND ROBIOLA	119
LE POULET DE BRESSE	120
CHICKEN FROM BRESSE	121
POULET DE BRESSE À LA CRÈME	122
CHICKEN IN CREAM SAUCE	124
LE CALVADOS	126
CALVADOS	127

SORBET AU CALVADOS	128
CALVADOS SORBET	129
LES MOULES POULETTES	130
MUSSELS WITH CREAM SAUCE	131
MOULES SAUCE POULETTE	132
MUSSELS WITH POULETTE SAUCE	134
LA CHOUCROUTE	136
CHOUCROUTE	137
LA CHOUCROUTE	138
CHOUCROUTE GARNIE	140
LE POIREAU	142
LEEKS	143
GRATIN DE POIREAUX	144
LEEKS GRATIN	145
SOURCES DES RECETTES	
RECIPE SOURCES	147

PRÉFACE

En 1963, je suis arrivé en Europe en vrai blanc-bec comme tout.
J'étais étudiant à l'Université de Lausanne, à la Faculté des Lettres. Pendant cette première année, grâce à un coup de bonne chance, un esprit d'aventure, et de curiosité incurable, j'ai été souvent dans des petits voyages, la plupart en France, mais surtout à Paris. À cette époque, le dollar était très fort, et j'en ai profité pour chercher de grands hôtels et les meilleurs restaurants. Ces expériences gastronomiques ont joué un large rôle dans mon érudition hors des cours universitaires. Mes aventures culinaires ont commencé tout de suite après mon arrivée à Paris pour la première fois, au mois de septembre 1963. Ayant répondu à l'invitation d'un nouvel ami, Bertrand, un journaliste au Figaro, nous avons déjeuné à une brasserie sur les Champs-Élysées, où il m'a initié à la choucroute. Ce plat traditionnel me fut recommandé par Bertrand, qui m'a instruit à ce que je mangeais et comment il fallait la manger, disons, beaucoup de moutarde très épicée, ancienne de Dijon, et une belle quantité de bière pression.
Pendant mes années universitaires, 1963-1969, j'étais à la fois gourmet et gourmand, surtout pour les spécialités françaises. Et même après être rentré aux États-Unis après mes études, chaque année et même deux fois par an, je me trouvais de nouveau à Paris,

Cap d'Antibes ou Megève dans les bons endroits de dégustation de mets que je connaissais et qui m'ont donné le plus grand plaisir de ma vie.

Récemment, j'ai remarqué que ma connaissance de la nourriture française est essentiellement liée à mon expérience en France et en Europe, et que je connais les plats par leur nom en français uniquement. Par exemple, essayez, vous, de décrire la Blanquette de Veau dans une autre langue. Ça manque de charme et de précision.

PREFACE

In 1963, I arrived in Europe a naïve young man. I was a student at The University of Lausanne in the Faculty of Letters. During that first year, by a stroke of luck, a thirst for adventure, and an incessant curiosity, I often wandered around taking extended weekend trips, primarily in France, but most often to Paris.

At the time, the exchange rate for the dollar was very favorable, and I took advantage of my generous allowance by seeking out the best hotels and restaurants. As a result, these gastronomic forays played a large role in my education outside the classroom.

As a mater of fact, my culinary adventures began almost upon my arrival in Paris for the first time in September of 1963. At the invitation of a new friend, Bertrand, a journalist for *Le Figaro*, the Paris newspaper, we had lunch at a brasserie on the Champs-Elysees where he introduced me to choucroute. This traditional Alsatian dish had been recommended by Bertrand, and he proceeded to instruct me on what I was eating, how I should eat it, let's just say lots of spicy dark mustard from Dijon along with a good quantity of beer on tap.

During my university years, 1963-1969, I was both gourmet and gourmand, especially for the French specialties. And even after my studies when I returned to the United States, each year and sometimes twice a year, I would again be in Paris, Cap d'Antibes, or Megeve, staying in those favored spots where I could resample those delightful dishes that I knew and those that had given me the greatest pleasure across my life. And recently, it occurred to me that I seem to know French food almost uniquely by my experience in France and Europe, and that I know the names of the dishes by their French names alone. For example, try to describe Blanquette de Veau in another language. Somehow it lacks charm and precision.

Et puis, j'ai commencé à réfléchir aux premières fois où j'ai fait l'expérience d'une nouveauté sur ma liste des favoris. Quel joli jeu de fouiller dans le temps, en visitant les petites auberges, les grands restaurants étoilés, et les petits cafés au bord de la mer. Et avec ces souvenirs vient aussi une liste de mes copains, qui m'ont initié aux goûts que je chéris tant, et pas seulement pour les saveurs, qui sont sans pareil, mais aussi les circonstances et la bonne camaraderie qui contribuèrent à ma jeunesse merveilleuse.

Mais c'est uniquement avec l'avantage du temps passé que j'arrive à contempler certains aspects de ma vie. Je continue d'être frappé par l'importance du terroir et de la continuité des siècles dans la production des spécialités françaises. Presque tous ces produits si renommés sont originaires d'un seul lieu en France. Disons que dans beaucoup de cas, le même produit ne pouvait pas être répliqué de la même façon ailleurs. Et l'influence du patrimoine est décisive. Il y a des exemples où la même famille fut derrière une entreprise depuis deux ou trois générations.

C'est bien remarquable.

Il faut aussi dire que j'avais la chance d'avoir des parents qui aimaient eux aussi voyager et essayer des choses exotiques. Néanmoins, la plupart de nos voyages étaient aux États-Unis et au Canada.

Voilà en résumé, les raisons de la naissance de ces poèmes et pourquoi je pensais que même avec mes limitations en français, je devrais exprimer mes sentiments sur ce sujet dans la langue qui me les avait enseignés depuis le début.

And then I began to reflect on those very first times when I experienced a new dish and added it to my list of favorites. What a pleasant little game to rummage around in the past, visiting the little inns, the great Michelin-star restaurants, and those little cafes beside the sea. And along with these memories came a list of my pals as well, those who introduced me to the tastes that I cherish so much, and not only the tastes, although unequaled, but also for the circumstances and camaraderie which was my marvelous youth.

But it is only with the advantage of the passage of time that I can so contemplate certain aspects of my life. And I continue to be impressed by the importance of place and the continuity of centuries in the production of French specialties. Most of these renowned food products are indigenous to one particular place in France. In most cases, these foodstuffs could not be produced with the same result in another place. And the influence of the French patrimony is decisive. There are many examples where the same family has been in charge of an enterprise for two or three generations. It's remarkable.

I should also recognize that I had the good fortune of having parents who loved to travel and to sample the exotic, although most of our travel was in the United States and Canada.

And there you have it, my reasons for these poems and even with my limitations in French, why I must express my sentiments on this subject in the language that instructed me from the beginning.

Acknowledgements.

Although not a complete list, the establishments and chefs found below – not necessarily in order of importance – have all been instrumental in developing my palate and affection for the delicacies of France as well as food in general. In addition, there are many unnamed and unfortunately hazily remembered auberges, relais, bistros, small restaurants, food shops, and open markets that have played their own unique part.

Remerciements /Acknowledgements

Although not a complete list, the establishments and chefs found below—not necessarily in order of importance— have all been instrumental in developing my palate and affection for the delicacies of France as well as food in general. In addition, there are many unnamed and unfortunately hazily remembered auberges, relais, bistros, small restaurants, food shops, and open markets that have played their own unique part.

FRANCE

Le Grand Véfour	Paris
Brasserie Lipp	Paris
L'Astrance	Paris
Lasserre	Paris
L'Arpège	Paris
L'Ambroisie	Paris
Pierre Gagnaire	Paris
Le Cinq	Paris
Le Jules Verne	Paris
Alain Ducasse	Paris
Taillevent	Paris
Fauchon	Paris
Restaurant Paul Bocuse	Collonges-sur-Mont-d'Or(Lyon)

Eden Roc Restaurant	Cap d'Antibes
Le Festival	Cannes
Chez Felix/closed	Cannes
La Colombe d'Or	St.-Paul-de-Vence
Château de la Chèvre d'Or	Éze

SWITZERLAND

Badrutt's Palace, The Grill	St. Moritz
Badrutt's Palace, King's Club	St. Moritz
Chesa Viglia	St. Moritz
The Grill at the Gstaad Palace	Gstaad
La Chesery	Gstaad
Giradet's (retired)	Crissier
La Grappe d'Or (closed)	Lausanne
Anne-Sophie Pic/Beau Rivage	Lausanne
Kronenhalle	Zurich

UNITED STATES

La Grenouille	New York
Le Pavillon(closed)	New York
La Cote Basque(closed)	New York
Chez Panisse	Oakland

CHEFS

Julia Child
Jacques Pepin
Pierre Franay
The websites and entities cited with each recipe

LES PETITS POIS

Et comment si parfaits, ronds, uniformes, tendres, doux
Une verdure d'une telle nuance, non facilement décrite,
Ni trop jaune ni trop bleue, une teinte tout à elle-même

Apparaissant au printemps, parmi les premières pousses
Appréciés par les gourmands, un délice, simple et pur
Tout frais, nouveaux récoltés, d'un jardin d'arrière-cour

Cuits peu à la vapeur, ou sautés au bon beurre,
Jumelés aux carottes, ou oignons et laitue
Modeste petit paquet, une surprise inattendue

Le goût précis s'échappe d'une texture des granuleuses
Au premier moment, des petites explosions
Puis se révèlent un goût, une trace, un soupçon de vert

Un bouquet si complexe, mais en même temps simple
Clairement, Dieu a touché, le mystère des petits pois.

GARDEN PEAS

So perfect, so round, uniform, tender, sweet
A green of a distinct hue, not easily described
Not too yellow, neither too blue, a shade all its own

Appearing in spring, among the first shoots
Appreciated by food lovers, a delicacy, simple, and pure
So fresh, when first picked, from one's own garden

Steamed a bit, or sautéed with butter
Paired with carrots, oignons, or lettuce
Bashful little package, so unexpected

Elusive, the exact taste, but a granular texture
At first bite, small tiny pops
Revealing a taste, a pinch, a hint of green

A complex aroma, but still sincere
Clearly, God's work, the mystery that is the pea.

LES PETITS POIS À LA FRANÇAISE[1]

Ingrédients :
100 g de petits oignons frais
10 g de beurre
1 pincée de sucre
½ laitue
40 g de beurre
1 kg de petits pois frais
1 petit bouquet garni
quelques brins de cerfeuil
sel et poivre.

Préparation :
1. Écosser les petits pois, éplucher, laver les petits oignons et laisser 2 à 3 centimètres de fanes.
2. Laver la laitue et l'émincer en chiffonnade. Préparer un bouquet garni en y ajoutant le cerfeuil.
3. Dans une petite sauteuse, mettre les oignons, 10 g de beurre, la pincée de sel et verser de l'eau sans couvrir les oignons, couvrir avec une feuille de papier cuisson trouée au milieu, cuire jusqu'à ce que l'eau se soit évaporée puis glacer les oignons. Réserver.

---

1 – Adapté d'un livre gourmand.

4. Dans une grande casserole, étuver la salade dans 40 g de beurre.

5. Ajouter les petits pois, le bouquet garni, verser 12 cl d'eau et cuire à couvert 15 à 20 minutes.

6. Ajouter de l'eau au besoin et saler en fin de cuisson.

7. Cuire encore quelques minutes avec les oignons, ôter le bouquet garni et servir dans un joli plat en disposant quelques oignons sur le dessus pour le décor.

PEAS À LA FRANÇAISE[1]

Ingredients:
¼ cup butter, cubed
¼ cup water
1 tablespoon sugar
1. teaspoon salt
¼ teaspoon dried thyme
¼ teaspoon dried chervil
¼ teaspoon pepper
2. (16 ounce) packages frozen peas, thawed
1. (10 ounce) packages white pearl oignons, thawed
2. cups lettuce, shredded
3.
Directions:
1. In a large saucepan, melt butter over medium heat. Stir in the oignons, water, sugar and seasonings. Add peas and lettuce, stir until blended.
2. Cover and cook for 6 to 8 minutes or until tender.
3. Serve with slotted spoon.

---

1 – Adapted from food.com

LE CHAMPAGNE

Le Champagne de loin, le roi des vignobles
Liquide ensoleillé, une gaie effervescence
La sortie du bouchon, le classique bruit sec
Net signe au beau monde, que la soirée commence

Né sur les collines sacrées, Reims règne suprême
Ombré par les feuilles, les racines font leur devoir
Les minéraux, et l'eau, doucement absorbés
Les proportions précises, livrant les vignes d'or

Au mois de septembre, le moment est tout juste
Coupé à la main, fruit en plein, plus que charnu,
La tendresse oblige, le pressoir ce sommet,
Une merveille de bonté, un jus prodigieux

Dans les caves de Krug, Moët, et Dom Perignon
L'esprit de Bacchus arrose, parmi les tonneaux.

CHAMPAGNE

Champagne by far, the king of the vineyard
Sun-kissed liquid, a gay effervescence
The cork comes out with a classic pop
Clear signal to the society crowd that the evening begins

Born on those hallowed hills, Reims stands supreme
Shaded by its leaves, its roots do their deed,
Minerals and water, gently absorbed
In the right proportions, produce the vines of gold

In the month of September, the time is nigh
Harvested by hand, the ripe fruit, more than plump
Tenderness is required, the wine press agrees
A bountiful marvel, a prodigious juice

In the wine cellars of Krug, Mœt and Dom Perignon
The spirit of Bacchus toasts, among the barrels

GRATIN DE FRAISES AU CHAMPAGNE[1]

Ingrédients :
400 g de fraises
100 g de sucre
½ bouteille de champagne
feuilles de menthe pour la garniture.

Préparation :
1. Passez les fraises rapidement à l'eau, déposez-les sur du papier absorbant et épongez-les délicatement, équeutez-les.
2. Mettez les fraises dans un saladier, saupoudrez-les de sucre et laissez-les macérer pendant une heure.
3. Ajoutez le champagne et laissez encore reposer une heure au réfrigérateur.
4. Servez les fraises dans des coupes et garnissez de quelques feuilles de menthe.

---

1 – Adapté de labonnecuisine.be

CHAMPAGNE WITH STRAWBERRIES[1]

Ingredients:
1. pint of lemon sherbert
2. pints of strawberries2 cups of Champagne

Directions:
1. Drop scoops of sherbert into 4 tall glasses
2. Top with strawberry slices
3. Pour in Champagne

---

1 – Adapted from allrecipes.com

DATTES ET NOIX

Étrange mariage, celui des dattes et des noix
Le bijou d'un fruit sec, plus vieux que le temps
Tout à l'aise, avec sa consœur la noix

Arrivant d'où le Tigre et l'Euphrate coulent,
La datte se contente avec une douceur intense
Pendant que la noix est fière de son acidité

Tandis que la noix croît aux bois de Perse
Un aliment sans les lignes de l'amande
Non, plutôt des rides les marques d'un vieil homme

Offerts ensemble après un festin somptueux,
Le plaisir de les savourer n'est pas sans travail
La noix têtue de sortir de sa coquille

Jetée par les pâtissiers de confection
Pauvres célébrants, en perdent le parfait.

DATES AND WALNUTS

A strange marriage that of dates and walnuts
This jewel of a dried fruit, older than time
Totally at ease with its consort the walnut

Arriving from where the Tigris and Euphrates flow
The date complete with its intense sweetness
While the walnut, proud of its acidity

Whereas the walnut comes from the Persian forests
A nut without the silhouette of the almond
No, more the wrinkles of an old man

Offered together after a sumptuous repast
The pleasure of savoring is not without work
The walnut is stubborn to release from its shell

Cast aside by the trend in sweets,
Pity the diners, losing a treat.

GÂTEAU AUX DATTES ET AUX NOIX[1]

Ingrédients :
50 g de beurre
50 g de sucre roux
1 gros œuf
le zeste râpé et le jus d'½ citron
175 g de farine
1 pincée de sel
1 cuil. à soupe rase de levure chimique
15 cl de lait
75 g de dattes, dénoyautées et hachées
75 g de noix, concassées.

Préparation :
1. Beurrez un moule à cake d'une contenance d'1 litre environ.
2. Dans une jatte, travaillez le beurre et le sucre jusqu'à ce que le mélange blanchisse. Ajoutez l'œuf, le zeste de citron et battez le tout au fouet. Tamisez ensemble la farine, le sel et la levure chimique.
3. Versez peu à peu la farine et le lait, alternativement et en plusieurs fois, et battez vigoureusement. Incorporez délicatement les dattes et les noix.

---

1 – Adapté de allrecipes

4. Versez dans le moule. Enfournez pour 50 à 60 minutes.
5. Laissez refroidir quelques instants puis démoulez.
6. Ce gâteau moelleux se déguste accompagné de beurre et de miel ou de fromage blanc.

Température four traditionnel / four chaleur tournante
Four : préchauffé à 180 °C / une heure

DATE AND WALNUT CAKE[1]

Ingredients:
200 g (7 oz) stoned dried dates, chopped
30 g (1 oz) unsalted butter
1 teaspoon bicarbonate of soda
240 ml (8 fl oz) boiling water
140 g (5 oz) light muscovado sugar
2 eggs
280 g (10 oz) plain flour
3. teaspoon baking powder 1½ teaspoon ground mixed spice pinch of salt 115 g (4 oz) walnuts, chopped

Directions:
1. Place the dates in a bowl with the butter and bicarbonate of soda. Pour over the boiling water and stir until the butter has melted. Set aside to cool.
2. Preheat the oven to 180ºC (350ºF, gas mark 4). Lightly grease an 18 cm (7 in) round deep cake tin and line the bottom with baking parchment.
3. Place the sugar and eggs in a large bowl and beat well to combine. Add the cooled date mixture, then sift in the flour, baking pow-

---
1 – Adapted from allrecipes.uk

der, mixed spice and salt. Add the walnuts and stir together until thoroughly mixed.

4. Pour the mixture into the prepared tin and level the top. Bake for 1 – 1 1/4 hours or until the cake is risen and nicely browned and a skewer inserted in the center comes out clean.

5. Turn out onto a wire rack and leave to cool. The cake can be kept, wrapped in foil or stored in an airtight container, for up to 5 days.

LE CHOCOLAT

Primordial, laisser fondre lentement dans la bouche
Une vague de plaisir rentre dans la tête
Une douceur, une chaleur, tout en même temps
L'effet du chocolat si connu, toujours magique

Trouvé en plaque, ou en tablette, ou en truffe,
Même en sirop, en bonbons, et autres confections
Champion des fêtes, soit Noël ou Pâques
Moulé dans des formes, venues d'un jardin zoologique

Les amants du chocolat peuvent pleurer
Le marché complice, sapant la qualité
Seuls les connaisseurs se rappellent du criollo
Loin, parti, sauf dans les temples du cacao

Un cadeau, une surprise, un signe d'amour
Le chocolat, le chocolat, encore et plus encore.

CHOCOLATE

Primordial let it slowly melt in the mouth
A wave of pleasure passes through the mind
Sweetness, warmth, all at the same time
Chocolate's effect is well known, always magic

Found in plaques, bars, or truffles
Even syrup, candy or other concoctions
King of holidays, Christmas and Easter
Molded into forms found in a zoo

Lovers of chocolate must lament
The market has so sapped the quality
Only those connoisseurs remember cirollo
Now far away, lost but in the temples of cacao

A present, a surprise, a sign of love
Oh chocolate, chocolate, more and then more

UNE SAUCE AU CHOCOLAT[1]

Ingrédients :
2 tablettes de chocolat noir
25 cl de crème liquide ou semi-liquide
1 noix de beurre

Préparation :
Faire fondre le chocolat dans la crème en tournant doucement avec une cuillère en bois.
Ajoutez une noix de beurre à la fin.
Nappez glace, gâteau, etc.

---

1 – Adapté de marmiton.org

CHOCOLATE SAUCE[1]

Ingredients:
1 cup heavy cream
1 tablespoon unsalted butter
½ pound semisweet chocolate, chopped in chunks

Directions:
1. Heat the cream and butter in a saucepan over medium heat. 2. Add the chocolate, stirring, until it's melted and smooth.
2. Remove from heat and cool to room temperature.

---

1 – Adapted from Tyler Florence.

LES ASPERGES

Aussi bonnes en mousseline ou à la mayonnaise,
L'une ou l'autre, de gentilles compagnes
À la vapeur ou grillées, chaudes ou tièdes
Vertes ou blanches, telle est la saveur de ce légume

Parlons des asperges, un signe du printemps
Si belles sur le plat, entourées par la sauce
De rigueur au couteau et à la fourchette
Ou saisies du bout des doigts puis guidées vers la bouche

Ces petits bâtons, avec leur fleurissante pointe
Cherchant la délicatesse suivant la longueur
Si fraîches la possibilité existe toujours
Que la tige soit tendre d'un bout à l'autre

Quel plaisir pour les yeux, les asperges blanches sur un plat
La progéniture délicate de ces plantes, robustes fougères.

ASPARAGUS

Just as good with a *Mousseline* or a mayonnaise
One or the other, nice companions
Steamed or sautéed, hot or cold
Green or white, such is the flavor of this legume

Speaking of asparagus, it must be spring
So beautiful on the plate, surrounded by the sauce
Etiquette requires a knife and fork
Or just take one end and the other in the mouth

These small stalks with the flowered tip,
Looking for a subtlety along its length
If fresh the possibility always is
That the spear will be tender from end to end

So pleasing to the eye, white asparagus on a plate
Offspring of the plants delicate and strong ferns

ASPERGES VERTES ET LA MAYONNAISE MOUSSELINE À LA CIBOULETTE[1]

Ingrédients :
2 bottes d'asperges vertes
1 cm3 de moutarde
huile de tournesol
1 œuf
10 brins de ciboulette
sel et poivre.

Préparation :
1. Coupez le pied des asperges, lavez-les et mettez-les dans un cuit-vapeur, une fois que la vapeur monte, comptez 12 à 15 minutes (pour être sûr de votre cuisson, piquez les asperges avec la pointe d'un couteau).
2. Mettez vos asperges à refroidir sur un plat à asperges ou, si vous n'en possédez pas, sur un torchon propre.

Préparez la mayonnaise mousseline à la ciboulette :
1. Mettez la moitié du jaune d'œuf dans le bol et réservez le blanc, ajoutez la moutarde, le sel et le poivre.

---
1 – Adapté de lesfoodies.com

2. Fouettez et ajoutez un filet d'huile dès que celui-ci a pris, continuez à ajouter l'huile tout doucement et petit à petit jusqu'à la quantité souhaitée, ajoutez la ciboulette ciselée.

3. Battre le blanc en neige et incorporez-le à la mayonnaise délicatement pour garder l'aspect de mousse.

ASPARAGUS WITH MOUSSELINE SAUCE[1]

Ingredients:
40 g butter
6 fresh verveine or vervaine tea leaf, plus extra to garnish
5-6 large asparagus spears
1. bergamot confit orange, with its juices, plus extra to garnish
2. egg yolkssalt and green Szechuan pepper white bourrache flowers, to garnish

Directions:
1. You will need to begin this recipe 1 day ahead.
2. Cut butter into cubes and place in a bowl. Add the verveine and chill for 1 day. Heat in a saucepan on medium heat, until melted. Turn the heat off, cover with a lid then allow the flavours to infuse overnight at room temperature.
3. To prepare asparagus, place on a board. Peel to remove all green skin. Test the ends of each spear by bending gently, and break at a length where it snaps easily.
4. Tie asparagus together so they don't snap when blanching, and place upright in a tin to keep straight. Add to simmering water for 4 minutes, then refresh in iced water.

---

1 – Adapted from sbs.com.au

5. In a small saucepan, add 2 tbsp confit orange juice, ¼ chopped confit orange and 2 egg yolks then place over low heat. Using a hand blender, carefully blend the ingredients together then slowly add ½ cup of the infused butter to make a nice smooth mousseline sauce.

Season with green Szechuan pepper and a pinch of salt.

6. Heat 1 tsp of butter in a frying pan over high heat. Sauté asparagus for 2-3 minutes or until browned. Season with a pinch of salt. Place asparagus on a plate and spoon over mousseline sauce. Garnish with flowers, extra fresh vervaine and extra confit orange as garnish.

CAVAILLON MELON

Caché mais luisant dans la région de Provence
La ville de Cavaillon se tient dans le Vaucluse
Pas des melons ordinaires, mais des Charentais
Grâce aux papes, jadis exilés de Rome

Pourquoi ces melons sont-ils si recherchés ?
Leurs rayons, leur taille, ou leur jolie couleur orange
Peut-être c'est leur parfum intense et profond
Peut-être c'est la chair qui tous nous enchante

Une ode pour ce melon si fameux
Ou même Alexandre Dumas, un gourmand éminent
En demandait pour une douzaine annuelle
Néanmoins la saison est courte, profitez-en

Ce petit melon, ce globe de succulence
Mûr, lourd, et plein, comptez dix rayures exactes.

CAVAILLON MELON

Hidden but shining in the region of Provence
The city of Cavaillon stands in the Vaucluse
Not ordinary melons, but Charentais
Thanks to the Popes long ago in exile from Rome

Why are these melons so requested
Their stripes, their size, or their beautiful orange color
Perhaps it's the intense fragrance
Maybe it's the pulp itself that enchants

A love song for this famous melon
By no other than Alexander Dumas, an eminent gourmet
Pleading for the quota of a dozen per year
But the season is short, so eat up

This little melon, this globe of succulence
Ripe, heavy and full, be sure to count ten stripes

SALADE DE MELON ET MOZZARELLA AU BASILIC[1]

Ingrédients :
1 gros melon ou 2 petits
250 g de mozzarella
4 cuillères à soupe d'huile d'olive
2 citrons verts
1 bouquet de basilic frais
sel, poivre du moulin
quelques amandes effilées.

Préparation :
   1. Couper la chair de melon en lamelles. Réserver dans un saladier.
   2. Couper la mozzarella en fines tranches.
   3. Alterner sur chaque assiette, 2 lamelles de melon et 1 tranche de mozzarella. Saler, poivrer.
   4. Ciseler finement les feuilles de basilic, les mélanger avec l'huile d'olive et les citrons pressés. Répartir sur les melons et la mozzarella.
   5. Servir à température ambiante.

---

1 – Adapté de aufeminin.com

CANTALOUPE SALAD & FRESH MOZZARELLA WITH BASIL[1]

Ingredients:

1 medium cantaloupe, cut into 1 inch cubes
10-20 leaves of basil, chiffonade (reserve a few whole leaves for garnish)
1 cup fresh mozzarella balls, sliced into quarters
1 ½ tablespoons olive oil
1 tablespoon red wine vinegar 2 tablespoons lime juice, from 1 lime salt and pepper to taste

Directions:

1. In a large bowl, toss the cantaloupe, basil strips, olives, red onions and mozzarella balls together.
2. Lightly dress the salad with a long pour of olive oil and even longer drizzle of red wine vinegar.
3. Toss with the lime juice.
4. Generously salt and pepper the salad and taste.

CHAROLAIS

Grand bœuf, fort et massif, et d'un éclat blanc
Un précieux Charolais, dans les arts et sur la table
La taille, la musculature démentent sa tendresse
Docile, rustique, majestueux, le bovin parfait

D'une origine exacte inconnue, peut-être du Jura,
Ou d'Europe centrale, même peut-être des Romains ?
Néanmoins une chose est claire, c'est une race pure
Protégée à l'abri du bocage de l'Arconce

Une viande goûteuse, sans aucune rivale,
Première en France, mais recherchée partout
Gardiens du pur-sang, documentent de leur troupeau
Protecteurs d'un héritage des longs siècles

Côte de bœuf, cœur du filet ou tournedos
Bourguignon, au poivre, Rossini, ou aux carottes…

CHAROLAIS

Big beef, strong and massive, and a brilliant white
A precious *Charolaise*, in art and on the table
The size, the musculature, denies its tenderness
Docile, bucolic, majestic, the perfect beast

The origin exact unknown, perhaps from the Jura
Or Central Europe or even the Romans involved
However, one thing is clear, a race so pure
Squeezed in, sheltered by woods of the *Arconce*

A tasty meat, without a rival
First in France, but sought after all over
Keepers of the pure blood document their herd
Guardians of a heritage centuries long

Whether prime rib, filet or strip
Red wine or pepper sauce, *foie gras* or carrots

FILET DE CHAROLAIS AU MÂCONNAIS FONDANT, ÉCHALOTES RÔTIES ET GRENAILLES[1]

Ingrédients :
Mâconnais affiné
4 filets de bœuf charolais
8 échalotes
400 g de pommes de terre grenailles
30 g de beurre
20 cl de jus de veau corsé
fleur de sel

Préparation :
1. Mettez les pommes de terre à cuire 15 minutes dans l'eau bouillante salée.
2. Coupez les échalotes en deux, posez une noisette de beurre sur chaque, un peu de sel et de poivre, mettez-les à rôtir 10 minutes au four préchauffé thermostat 6 (180 °C).
3. Égouttez les pommes de terre, mettez-les dans un plat avec le reste du beurre à cuire 10 minutes au four.
4. Saisissez les filets de bœuf 2 minutes à l'huile dans une poêle. Retirez-les de la poêle, mettez-les dans un plat.

---

1 – Adapté de notrefamille.com

5. Coupez le mâconnais en quatre, posez une tranche sur chaque filet puis passez-les 4 à 5 minutes sous le gril du four.

6. Servez avec les échalotes rôties et les grenailles, parsemez de fleur de sel.

FILET MIGNON WITH SHALLOT-RED WINE SAUCE[1]

Ingredients:
2 teaspoons margarine or butter
2 beef tenderloin steaks ¼ teaspoon salt dash of pepper to taste 1 large shallot
½ cup dry red wine
2 tablespoons chopped fresh parsley

Directions:
1. Prepare Filet Mignon: In nonstick 10-inch skillet, heat 1 teaspoon margarine over medium-high heat until melted and hot but not smoking. Add steaks; sprinkle with salt and pepper and cook 10 minutes for medium-rare or until of desired doneness, turning over once. Transfer steaks to 2 dinner plates.

2. To same skillet, add shallot and cook over medium-high heat 5 minutes or until tender and golden, stirring occasionally. Add wine and heat to boiling. Cook 1 minute, stirring. Remove from heat and stir in remaining margarine. Spoon sauce over steaks.

3. Transfer potatoes to plates with steaks; sprinkle with parsley.

---

1 – Adapted from goodhousekeeping.com

L'AGNEAU

Une longue tradition pour Pessah et Pâques
L'agneau, un emblème si durable, lié au printemps
Une bête native de Méditerranée
Parfaitement adaptée aux minces broussailles

Au centre des célébrations et des galas
Une raison de réunir la famille et des amis
Un feu ouvert promouvant la danse et le vin
La musique, les chansons, les bons sentiments

Pour des centaines d'années, dans les fêtes et les foires
Parfois sérieuses et d'autres fois gaies
Les cérémonies dépendent de ses symboles
L'illustre agneau son statut intact

L'agneau des Alpilles, un mets délicat
Les côtes ou le gigot, avec du bon bordeaux.

LAMB

A long tradition for Passover or Easter
Lamb, an abiding symbol, linked to spring
An animal native to the Mediterranean
Perfectly adapted to a sparse scrub

A centerpiece for celebrations and parties
A reason to assemble family and friends
An open fire promotes the dance, the wine
Music, song, and good feelings

For hundreds of years, at feasts and fairs
For serious times and other times gay
Ceremonies count on their symbols
The famed lamb's statue intact

The lamb of *Les Alpilles*, a delicious treat
A standing roast or a leg with a good Bordeaux

LE CARRÉ D'AGNEAU[1]

Ingrédients :
1 carré d'agneau
15 petites pommes de terre
huile d'olive
herbes de Provence
sel, poivre

Préparation :
1. Préchauffez votre four à 200 °C (thermostat 6-7). Préparez quelques petites pommes de terre épluchées et coupées en rondelles assez fines et faites-les revenir dans une poêle. Une fois les pommes de terre dorées, disposez-les dans un plat.
2. Faites dorer le côté « couenne » du carré dans la poêle que vous venez d'utiliser, une fois celui-ci cuit, disposez-le dans le plat sur les pommes de terre.
3. Pour finir, arroser le tout d'un filet d'huile d'olive, saler légèrement, ajouter des herbes de Provence. Mettre au four 10 minutes.

---

1 – Adapté de journaldesfemmes.com

RACK OF LAMB[1]

Ingredients:
1. ½ tablespoons kosher salt
2. tablespoons minced fresh rosemary
3. garlic cloves, minced
½ cup Dijon mustard
1. tablespoon balsamic vinegar
2. racks of lamb, « frenched »

Directions:
1. In the bowl of a food processor fitted with a steel blade, process the salt, rosemary, and garlic until they're as finely minced as possible.
Add the mustard and balsamic vinegar and process for 1 minute.
2. Place the lamb in a roasting pan with the ribs curving down, and coat the tops with the mustard mixture. Allow to stand for 1 hour at room temperature.
3. Preheat the oven to 450 degrees.
4. Roast the lamb for exactly 20 minutes for rare or 25 minutes for medium-rare. Remove from the oven and cover with aluminum foil.
Allow to sit for 15 minutes, then cut into individual ribs and serve.

---

1 – Adapted from barefootcontessa.com

LA BOUILLABAISSE

La bouillabaisse, le ragoût renommé de Marseille
Un plat semblant simple mais bien compliqué
Un mélange créé par de braves pêcheurs
Transmis affablement à nous, marins d'eau douce

Plutôt une idée qu'une recette précise,
Le résultat dicté par les caprices des chefs
Et l'abondance et les variétés de la mer
Mais n'oublie pas, la rouille et le pain aillé

Une partie soupe de poireaux, du safran, et de l'ail
L'autre un assemblage de poissons et crustacés
Bouillis ensemble à la déférence du chef
La bouche salive au parfum du potage

Plus souvent que non, servi en grand bol
Classiquement se séparent la bourride et la prise.

FISH SOUP

Boulliabasse, the famous stew of Marseilles
Seemingly a simple plate, but complicated enough
A mix invented by hearty fishermen
Freely given to us, landlubbers

More an idea than a precise recipe
A dish determined by the impulse of the chef
And what might be the catch of the day
But don't leave out *la rouille* and the garlic toast

One part soup of leek, saffron and garlic,
The other an assembly of fish and crustaceans
Boiled together at the preference of the chef
The mouth starts to water at the smell of the bullion

More than often, served all together
But classically separate, broth and catch

LA BOUILLABAISSE ULTRA-FACILE[1]

Ingrédients :
3 oignons
3 tomates
6 pommes de terre
4 filets de loup
1 cuillère à café de safran jaune
2 cuillères à soupe d'huile d'olive
sel, poivre
2 cuillères à soupe de rouille

Préparation :
1. Faire chauffer l'huile d'olive dans une sauteuse ou une poêle à larges rebords. Y faire fondre les 3 oignons coupés en lamelles et les 3 tomates coupées en tranches.
2. Peler les pommes de terre, les couper en petits cubes et les déposer sur le lit d'oignons et de tomates.
3. Déposer les filets de loup sur les légumes (ils cuiront ainsi à la vapeur).

---

1 – Adapté de marmiton.org

4. Saler, poivrer, ajouter le safran.
5. Ajouter 2 cuillères à soupe de rouille.
6. Laisser mitonner pendant 3/4 d'heure.
7. Vous pouvez servir cette bouillabaisse ultra-facile avec des croûtons et du gruyère râpé.

BOUILLABAISSE SIMPLIFIED[1]

Ingredients:
2 cloves garlic, peeled and smashed
1 large onion, peeled and sliced
1 small fennel bulb, thinly sliced
1 large pinch saffron, soaked in 2 tablespoons orange juice for 10 minutes
(optional)
1 strip orange zest
1 (14-ounce) can whole peeled tomatoes, in juice
6 cups seafood stock (sold at most fish markets) or clam juice
Some or all of the following seafood (ask your fish seller for enough to serve 4 to 6 people): halibut, cod, tilapia, or snapper (in large chunks); shell-on large shrimp or lump crabmeat; clams or mussels
1 bunch Italian parsley, chopped

Directions:
1. Heat the olive oil in a large, heavy pot over medium-high heat. Add the garlic, onion, and fennel and sauté until just brown, 5 to 10 minutes.

---

1 – Adapted from epicurious.com

2. Add the saffron (if using), orange zest, tomatoes, and stock or clam juice.

3. Bring to a boil and cook until the vegetables are tender and the liquid is reduced by half, about 20 minutes.

4. Reduce heat to medium and add the fish (but not shellfish). Cook for about 2 minutes.

5. Add any clams, mussels, and shrimp. Simmer until the shells just begin to open, about 4 minutes more.

6. Add any crabmeat.

7. Cook until all shells have opened, the shrimp is pink and curled, and the fish flakes easily, about 2 minutes.

8. Serve from the pot, sprinkled with the parsley and topped with crusty bread and a dollop of rouille.

L'ARTICHAUT

Quelque chose de menaçant, la plante d'artichaut
Les feuilles grandes, longues, germant de la base
Pointues, protégeant les larges têtes des fleurs
D'abord deviennent rouges, puis violettes, et puis le globe

Mûr, il est prêt, d'un vert un peu gris
Le cœur se protège par un bouclier d'épines
Les brins s'étendent au bout des feuilles
Prenez garde, celui qui ose récolter ce fruit.

Chaud, froid, pâtes exquises, ou à la provençale
En casserole, comme crudité, ou à l'italienne
Un légume versatile, plus charmant qu'on pense
Un goût particulier, léger, un goût sain

Facilement cuit, plutôt difficilement mangé
Une véritable poupée russe sans une fin.

ARTICHOKE

Something menacing, about the artichoke plant
Large leaves, long, burgeoning from the base
Points, protecting the large flowering head
First turns red, then lilac, and then the bulb

When ripe, it's ready, a green somewhat gray
The heart protected by a shield of thorns
These thistles extending to the point of the leaf
Careful he who dares harvest this fruit

Warm, cold, or exquisite *pate*, or a *la Provençale*
In a casserole, raw, or Italian style
A versatile vegetable, more charming than thought
A distinct taste, light, and clean

Easily prepared, but difficult to eat
A Russian enigma doll having no end.

ARTICHAUTS ET VINAIGRETTE À LA FRANÇAISE[1]

Ingrédients :
4 artichauts au goût,
sel et poivre
60 ml d'huile d'olive
2 ml basilic séché
2 ml de poivre de Cayenne
1 gousse d'ail
30 ml de vinaigre de vin blanc
15 ml de moutarde de Dijon
1 citron

Préparation :
1. Séparer la tige de l'artichaut en la cassant. Il faut casser la tige et non la couper afin de retirer les fibres dures qui y restent attachées.

2. Couper ensuite la base de l'artichaut, puis ôter les feuilles du bas qui ont tendance à être dures et filandreuses. Faire une incision en forme de croix à la base de l'artichaut afin d'en faciliter la cuisson.

3. À l'aide d'un couteau tranchant, enlever le tiers supérieur de l'artichaut. Couper les pointes des autres feuilles qui pourraient être piquantes avec des ciseaux.

---

1 – Adapté de iga.net

4. S'assurer de frotter les parties coupées avec un demi-citron afin d'empêcher qu'elles ne noircissent. Avec une petite cuillère ou une cuillère parisienne, dégager le « foin » du centre de l'artichaut en prenant soin de ne pas l'abîmer. Arroser de jus de citron, puis refermer les feuilles.

5. Dans une casserole d'eau bouillante salée, cuire les artichauts de 20 à 30 minutes ou jusqu'à ce qu'ils soient tendres.

6. Vérifier la tendreté en les piquant avec une fourchette.

7. Les feuilles doivent se détacher facilement. Égoutter et réserver.

Vinaigrette :
1. Dans un bol, mélanger la moutarde, le vinaigre, l'ail, le poivre de Cayenne et les herbes de Provence.

2. Ajouter l'huile, petit à petit, en fouettant avec une fourchette. Saler et poivrer au goût.

Pour déguster, dégager chaque feuille en tirant dessus, tremper dans la vinaigrette et gratter la partie tendre avec les dents. Consommer ensuite le fond de l'artichaut à l'aide d'un couteau et d'une fourchette, accompagné de vinaigrette.

ARTICHOKES AND VINAIGRETTE[1]

Ingredients:
6 artichokes (medium-large)
2 tablespoons salt
Shallot Vinaigrette:
1. tablespoon shallots (very finely chopped, or spring onion/green onion white)
¼ cup extra-virgin olive oil (boutique)
2. tablespoons lemon juice
1 tablespoon white wine vinegar 1 teaspoon Dijon mustard salt and ground black pepper

Directions:
1. Trim the stem from each artichoke and remove the tough outer layer of petals at the base. Place artichokes in a large pot, cover with water and add salt.
2. Boil until tender and the petals can easily be pulled off (about 15-20 minutes, depending on their size). Lift out with a slotted spoon, drain thoroughly and allow to cool for 10 minutes.
3. To make Shallot Vinaigrette, shake all the ingredients together in a small jar.

---

1 – Adapted from annabel langbien

4. Place artichokes on a serving platter or individual plates and gently press down on top to open out the petals into a flower shape.

5. Drizzle with half the dressing and place the rest in a small bowl for dipping.

6. To eat, pull off petals and scrape the soft part from the base of the petals with your teeth. As you get towards the heart, cut or scrape out the prickly choke in the center and eat the tender heart.

VACHERIN

À la fin de septembre, le clairon sonne
Les vaches laitières descendent à l'abri de vallée
Pendant leur séjour dans les prairies jurassiennes
Broutant l'herbe somptueuse, si grasse, et si riche.

Le lait donné par ces vaches si prodigieuses
Produit un fromage fort sublime
Déclarant que le Vacherin est le sien
La Suisse et la France s'en disputent l'origine.

Après le fromage se forme en ses jolis ronds
Une meule de fromage encerclée par le bois le plus mince
Quelque chose entre un cageot et un berceau
Mignonne comme tout, cette galette de fromage

Le Vacherin, un fromage coulant, comme un sirop
Plutôt servi avec une cuillère qu'un couteau.

VACHERIN

At the end of September, the clarion sounds
The milk cows descend into the safety of the valley
During their stay up in the meadows of the Jura
Grazing the succulent grass, so rich and lush

The milk derived from such majestic stock
Produces a sublime cheese, Vacherin
Each declaring that Vacherin is his own
The Swiss and French dispute its origin

The cheese forms in traditional wheels
This pretty package is bound in the thinnest of wood
Somewhere between a crate and a cradle
As cute as can be, this cheese pie.

Vacherin is a runny cheese, more like syrup
More often served with a spoon than a knife

VACHERIN MONT D'OR AU FOUR[1]

Ingrédients :
Mont d'Or
5 cl de vin blanc du Jura

Préparation :
1. Envelopper la boîte du Mont d'Or avec un papier d'aluminium.
2. Creuser un trou de 2 cm dans le fromage, verser le vin et ajouter la gousse d'ail.
3. Enfourner dans un four préchauffé à 200 °C et laisser cuire 20 minutes environ.
4. Le fromage doit être bien fondu.

Service :
Enlever le papier aluminium et la gousse d'ail.
Servir de suite avec des tranches de pain légèrement grillées.

---

1 – Adapté d'un livre gourmand.

BAKED VACHERIN MONT D'OR[1]

Ingredients:

450 g / 16 oz vacherin Mont d'Or in its wooden box a few sprigs of thyme, cut into short lengths

1 garlic clove, finely sliced a splash of white wine a couple of pink fir apple potatoes per person, boiled and still warm, to serve cooked English ham, shredded or sliced, to serve cornichons or pickles, to serve

Directions:

1. Preheat the oven to 200C / 400F /Gas 6.

2. Take the lid off the cheese box and place on a baking tray. Make slits in the cheese with a knife and stick the thyme and garlic slices into the holes.

3. Season with pepper, pour over a splash of wine and place in the oven for 8 – 10 minutes until completely soft.

4. Serve while still hot with the warm potatoes, ham and cornichons.

---

1 – Adapted from telegraph.co.uk

LA SOLE MEUNIÈRE

La Manche, qui sépare l'Angleterre et la France
Chenal étroit, le repaire de la sole de Douvres
L'espèce la plus appréciée des gourmets,
Elle se trouve dans les restaurants de style

Par avion elles arrivent, la fin de la semaine
À l'heure pour le week-end à travers le globe
Une délicatesse, à la fois, chère et rare
Provocant une profonde gratitude à la mer.

La tradition demande dans les sites normands
Où la sole de Douvres vient de sortir de l'eau
Que tout le poisson soit cuit en entier
À côté de la table, le garçon le découpe en filets

Préparée selon la façon meunière
Sautée au beurre et farinée, la croûte jolie dorée

SOLE MEUNIÈRE

The English Channel, that separates England from France
This narrow, the domain of the Dover Sole
The species most appreciated by gourmets
Always found in the best spots

By air, they arrive, the end of the week
In time for the weekend, across the globe
A delicacy at once rare and dear
Eliciting a hearty thanks to the sea

Tradition requires in Normandy
Where the sole is fresh from the water
That the fish is cooked in whole
Fileted tableside by sure hands

Prepared in the way of the miller's wife
Floured, sautéed in butter, making a golden crust

LA SOLE MEUNIÈRE[1]

Ingrédients :
6 filets de sole (170 à 230 g chacun)
8 c. de beurre salé
225 g de farine
1 jus de citron
sel poivre noir
10 brins de persil.

Préparation :
1. Enlever la peau noire des soles. Émincer le persil en ayant enlevé les branches. Assaisonner les filets de sole au sel et poivre.
2. Répandre de la farine sur une assiette. Étaler les filets de sole sur l'assiette. Secouer pour enlever l'excès de farine.
3. Fondre 3 c. à s. de beurre dans une grande poêle. Mettre un filet de sole, ou deux s'il y a suffisamment de place. Cuire à feu soutenu pendant 5 minutes. Retourner les soles et cuire de l'autre côté pendant encore 5 minutes.
4. Mettre les filets de sole de côté et conserver au chaud. Assaisonner de jus de citron et de persil. Cuire les filets de sole restants de la même façon. Ajouter du beurre si besoin.
5. Fondre le restant de beurre dans la poêle. Lorsqu'il a bruni, enlever de la poêle et placer les filets de sole.

---

1 – Adapté de cuisine-france.com

SOLE MEUNIÈRE[1]

Ingredients:
1 lemon
1 pound boned, skinned sole fillets salt about ¼ cup all-purpose flour
4 to 5 tablespoons butter or margarine
2. tablespoons drained capers
3. tablespoons lemon juice¼ cup minced parsley fresh-ground white pepper

Directions:
1. Rinse lemon, and with a small, sharp knife, cut off and discard peel and white membrane. Thinly slice lemon crosswise, discarding seeds and ends.
2. Rinse sole and pat dry. If fillets are longer than 6 or 7 inches, cut in half crosswise so they'll be less likely to break when you turn them. Sprinkle each fillet lightly with salt. Coat on all sides with flour, shake off excess, and lay pieces side by side on a sheet of plastic wrap.
3. In a 12 – to 14-inch frying pan over high heat, melt 2 tablespoons butter; when hot, lay as many pieces as will fit side by side

---

1 – Adapted from myrecipes.com

in pan without crowding and cook until browned on the bottom, 1 ½ to 2 minutes. Turn with a wide, flexible metal spatula and brown remaining side, 1 to 2 minutes longer (if butter begins to scorch, reduce heat to medium-high). With spatula, transfer fillets to an ovenproof platter, laying pieces side by side, and keep warm in a 200º oven. Melt 1 more tablespoon butter in frying pan; repeat step to cook remaining sole fillets, transfer to platter, and keep warm in the oven.

4. With a paper towel, wipe frying pan clean and return to high heat. Add 1 to 2 more tablespoons butter and the capers; stir until butter is melted. Add lemon juice, remove from heat, and stir in about 3 tablespoons of the parsley. At once, scrape butter mixture over hot fish fillets. Garnish with lemon slices and remaining parsley and sprinkle generously with pepper. With spatula, transfer fillets to plates. Season to taste with more salt.

LA BLANQUETTE DE VEAU

Les meilleurs plats dans l'univers gastronomique
Arrivent toujours du temple qui est la ferme
Des recettes de grand-mère, sa sœur, la tante
Évoquant de tendres souvenirs de jeunesse

La blanquette de veau en est un exemple ultime
Il y a longtemps à Lyon a débuté
Mais la recette s'est vite répandue partout
Favorite des paysans, de la bourgeoisie, de la noblesse

Pas comme la plupart des spécialités françaises
Où les recettes peuvent s'éloigner de leurs racines
Mais la blanquette de veau reste rigide et brave
Le veau, pas bruni, du beurre et de la crème

Pense à un jour, en plein hiver, la pluie et le froid
Le plat, la vapeur qui s'échappe, crémeuse et riche…

VEAL WITH CREAM SAUCE

The best dishes in the world of gastronomy
Always come from the source, the farm
From the recipes of grandmothers, her sister, and aunt
Invoking memories of sweet childhood

The *Blanquette de Veau* is a prime example
Long ago in Lyon it appeared
The recipe spreading far and wide
Favorite of just folks, the middle class, and the nobles

Unlike most other French specialties
Where the dish can wander from its roots
The *Blanquette de Veau* stays strict and stout
The veal, cooked but un-browned, butter, and cream

Think of a day, deep winter, rainy, and cold
The plate, the steam rising, creamy, and rich.

LA BLANQUETTE DE VEAU[1]

Ingrédients :
1 kg de blanquette de veau
1 cube de bouillon de poulet
1 cube de bouillon de légumes
2 ou 3 carottes
1 gros oignon jaune
1 petite boîte de champignons (coupés)
1 petit pot de crème fraîche
le jus d'un citron
1 jaune d'œuf
Farine
25 cl de vin blanc
sel, poivre.

Préparation :
1. Faire revenir la viande dans un peu de beurre doux jusqu'à ce que les morceaux soient un peu dorés.
2. Saupoudrer de 2 cuillères de farine. Bien remuer.
3. Ajouter 2 ou 3 verres d'eau et remuer.
4. Ajouter les 2 cubes de bouillon, verser le vin et couvrir d'eau.

---

1 – Adapté de marmiton.org

5. Couper les carottes en rondelles et émincer les oignons puis les incorporer à la viande, ainsi que les champignons.

6. Laisser mijoter à feu très doux environ 1 heures 30 à 2 heures en remuant.

7. Si nécessaire, ajouter de l'eau de temps en temps.

8. Dans un bol, bien mélanger la crème fraîche, le jaune d'œuf et le jus de citron.

9. Ajouter ce mélange au dernier moment, bien remuer et servir tout de suite.

VEAL STEW IN WHITE SAUCE[1]

Ingredients:
½ pounds boneless veal stew meat (cut into approximately 2-inch pieces)
3 tablespoons butter
1 large onion, finely chopped
3 tablespoons all purpose flour
1. cup dry white wine
2. 14 ½-ounce cans low-salt chicken broth
¼ teaspoon dried thyme, crumbled
3. medium carrots, cut diagonally into 1-inch pieces
¾ cup whipping cream
1 10-ounce package frozen petite peas, thawed, drained steamed rice

Directions:
1. Season veal with salt and pepper.
2. Melt 2 tablespoons butter in heavy large Dutch oven over mediumhigh heat.
3. Add veal to Dutch oven in batches and cook until brown, turning occasionally, about 5 minutes per batch. Transfer veal to plate.

---

[1] – Adapted from epicurious.com

4. Add onion and remaining 2 tablespoons butter to Dutch oven and sauté until onion is tender, about 3 minutes.

5. Return veal to and any juices on plate to Dutch oven. Sprinkle flour over veal and stir for 2 minutes.

6. Pour in wine and bring to boil. Add chicken broth and thyme.

7. Reduce heat to medium low and simmer 25 minutes.

8. Mix in carrots and continue simmer 25 minutes

9. Add cream and boil until liquids are reduced to sauce consistency, about 15 minutes

10. Stir in peas and bring to boil.

11. Season with salt and pepper and serve with rice.

LE MIEL DE CORSE

L'apiculture aussi âgée que le soleil
Chaque essaim ayant sa propre espèce
Fourrageant des paysages, par-ci et par-là
Aspirant le nectar des fleurs soumises

Le miel, longtemps accordé aux dieux
Une source de douceur aussi de la santé
Renforce l'immunité, aisément acquise
Grâce au ramassage des abeilles des fleurs juteuses

L'apiculteur par une connaissance profonde
Soignant ses petits producteurs, comme ses chouchous
Sur l'île de Corse, loin des agents toxiques
Le miel le meilleur se cultive ici

Ouvre le bocal, un épais liquide d'or
Paradis est ce miel, un croissant, et un café.

HONEY FROM CORSICA

Beekeeping as old as the sun
Each hive having their own species
Foraging across the countryside, here and yon
Sucking the nectar from the submissive flowers

Honey, long accorded food of the gods
A source of sweetness as well as health
Building immunity, so easily acquired
Thanks to the bees' assembly of the neighboring flowers

The beekeeper with a supreme knowledge
Cares for his little producers, like his favorite pets
On the island of Corsica, far from pollution
The best honey is produced here

Open the jar, a golden liquid
Heaven is this honey, a croissant and coffee

BRIOCHE AU MIEL[1]

Ingrédients :
350 g de farine T45
14 g de levure fraîche de boulanger
100 g de lait
50 g de miel
2 œufs
60 g de beurre
7 g de sel

Pour la dorure :
1 jaune d'œuf
1 pincée de sel

Préparation :
1. Dans le bol de votre robot, émietter la levure, mettre le lait, puis la farine, les œufs battus, le miel, le sel. Pétrir pendant 7 minutes.
2. Ajouter ensuite le beurre coupé en petits morceaux et pétrir jusqu'à ce que la pâte se décolle des parois. Pétrir pendant 10 minutes.
3. Faire une belle boule et faire pousser 1 heure 30 – 2 heures ou jusqu'à ce qu'elle double de volume.

---

1 – Adapté de graindeseletgourmandise.com

4. Au bout de ce temps, dégazer, refaire une boule et façonner votre brioche de la forme que vous souhaitez, laisser pousser de nouveau 1 heure 30 – 2 heures (ou jusqu'à ce que la brioche ait doublé de volume).

5. Badigeonner la brioche du mélange jaune d'œuf et pincée de sel et enfourner pou 20-25 minutes à 180° à chaleur tournante.

CINNAMON TOAST, BUTTER & HONEY[1]

Ingredients:
4 tablespoons. (½ stick) unsalted butter, at room temperature
2 teaspoons mild honey
1 teaspoon ground cinnamon 8 slices good-quality white sandwich bread

Directions:
1. Preheat a broiler.
2. In a small bowl, using a fork or a rubber spatula, mash together the butter, honey and cinnamon.
3. Arrange the bread on a rimmed baking sheet. Broil until the bread is toasted, about 1 minute. Remove the pan from the broiler and turn the bread over. Spread the cinnamon butter over the untoasted sides of the bread, dividing evenly. Return the pan to the broiler and broil until the cinnamon butter is bubbling and the edges of the bread are toasted, about 1 minute. Serve hot. Makes 8 slices.

Variation: Whole wheat bread is every bit as good as white sandwich bread. You can also use your favorite artisan bread, as long as it doesn't have too many holes in it, which will allow the butter to leak through.

---

[1] – Adapted from Williams-Sonoma breakfast comforts, by Rick Rodgers (Weldon Owen, 2011).

LE LOUP DE MER

Ce poisson appelé par autant de beaux noms
Le bar, le loup, la perche, il est décrit comme tel
Mais Sa Majesté de la Méditerranée,
Acclamée par tous, blanc, léger, s'il vous plaît

Grillé à la perfection, sur un feu crépitant
Mettant des brindilles de romarin à la fin
Une goutte de citron ajoutée quand il est encore chaud
Un soupçon de persil au dernier moment

Bien sûr, il y a d'autres poissons dans la mer
Mais aucun ne peut remplacer le plaisir du loup
Pourtant il faut faire très attention
Sa gloire promulgue tant d'imposteurs

Nous sommes d'accord qu'il est un prédateur fort
Un poisson qu'on respecte dans la chaîne de la vie.

MEDITERRANEAN SEA BASS

This fish called by so many names
Bass, sea bass, sometimes perch, it's described as such
But his majesty of the Mediterranean
Praised by all, white, light, if you please

Grilled over a crackling fire until just right
With a few twigs of rosemary at the very end
A dash of lemon, while it's still hot
And a pinch of parsley at the last moment

Of course, there are other fish in the sea
But none to replace the pleasure of the bass
But it would be wise to beware
As imposters abound to steal his fame

It's all agreed that he is a predator strong
One to be respected in the chain of life

LOUP DE MER GRILLÉ[1]

Ingrédients :
1 loup (bar)
3 oignons
15 cl de vin blanc sec
1 citron pressé
1. feuille de laurier
2. branches d'estragon
4 carottes
1 bouillon cube
3 pommes de terre
sel, poivre.

Préparation :
1. Hacher menu menu les oignons.
2. Prendre le loup vidé et écaillé, le farcir avec l'estragon, les oignons, la feuille de laurier, un filet de jus de citron et poivrer.
3. Recoudre.
4. Cuire au feu de bois de préférence, 25 minutes de chaque côté.
5. Faire cuire le reste d'oignons revenus au beurre.

---

1 – Adapté de marmiton.org

6. Mouiller au vin blanc, ajouter le reste de citron, le bouillon cube et 1/3 de litre d'eau.

7. Faire réduire.

8. Couper les légumes en brunoise et les cuire à l'eau.

9. Servir le bar grillé entouré des légumes à l'eau et accompagnés de la sauce.

GRILLED LOUP DE MER WITH BRAISED FENNEL[1]

Ingredients:
1 fennel bulb, halved, cored, and 1 tablespoon fennel seed cut into ¼-inch strips½ tablespoon anise seed
4 cups water
3 peppercorns
2 tablespoons Pernod
2 tablespoons olive oil, divided
1 sprig rosemary
pinch paprika
1. sprig thymeskin-on fillets from 1 whole loup
2. lemonsde mer (about 2 pounds)
1 orange
1 tablespoon brandy
salt and pepper to taste1 tablespoon chopped basil

Directions:
1. Put the fennel in a medium pot. Cover with the water, Pernod, rosemary, and thyme. Cut a 2-inch piece of peel from one of the lemons and the orange; add the peels to the pot. Season with salt and

---
1 – Adapted from jamesbeard.org

pepper. Place over medium heat and simmer for 45 minutes to an hour, until the fennel is very tender. Transfer to a plate and set aside.

2. Using a blender or coffee grinder, grind the fennel seed, anise seed, and peppercorns to a fine powder. Set aside.

3. Using a serrated knife, remove the remaining peel from the orange and lemons. Use a sharp paring knife to cut the segments free from the skin. Mix the citrus segments with 1 tablespoon of the olive oil, 1/2 teaspoon of the ground spice mixture, and paprika. Season with salt and set aside.

4. Splash the brandy on the fish fillets and season with the remaining spice mix. Rub the remaining tablespoon of olive oil over the fillets. On a hot grill or grill pan, place the fillets skin-side down. Leave for 3 to 5 minutes, until the skin is crisp. Flip over and finish cooking the fish, about 2 more minutes.

5. Grill the braised fennel slices on each side until golden, about 2 minutes.

6. Place the grilled fish and fennel on a plate. Cover with citrus sauce and garnish with chopped basil.

LA TRUITE AU BLEU

Dans les hauteurs de la Savoie et du Jura
Autant de ruisseaux d'eau froide et fraîche
Se dépêchent depuis le sommet au sol de la vallée
Une neige d'origine pure fondant au printemps

Ayant passé l'hiver, dans un état hibernant
Les truites restent tranquilles attendant le dégel
Arrivant de ce monde cristallin et naturel
Vient le poisson pour la truite au bleu

Plus frais que du vivier il n'y a pas
Une fois nettoyée et baignée dans du vinaigre
Responsable en cuisant pour la couleur bleue
Pochée, tournée, il ne faut pas trop la cuire

La chair de la truite, tout à fait ce à quoi on s'attend
Blanche, ferme, rehaussée par le beurre et le citron.

BLUE TROUT

In the heights of the Haute Savoy and Jura
Networks of streams, cold and fresh
Hurry their way from the summit to the valley floor
A snowpack of a pure origin melts in the spring

Having spent the winter in a state of hibernation
The trout rest peacefully waiting the melt
From this pristine and natural world
Comes the fish for the Blue Trout

Fresher than fresh dœsn't exist
Once cleaned and bathed in vinegar
Giving the bluish color when steamed
Poach, turn, don't overcook

The flesh of the trout is what one expects
White, firm, enhance by butter and lemon

TRUITE AU BLEU[1]

Ingrédients :
4 truites très fraîches, voire vivantes
2 verres de vinaigre
200 g de beurre
2 jus de citron
3 pincées de sucre cristal
sel poivre
1 petit concombre.

Préparation :
1. Peler le concombre et le couper en petits cubes. Cuire ces cubes avec 30 g de beurre, un peu d'eau, sel et poivre, pendant 10 minutes dans une casserole – au besoin ajouter un peu d'eau.
2. Faire bouillir 1 litre d'eau avec le vinaigre et y plonger les truites vidées – leur peau bleuit immédiatement. Cuire 4 à 5 minutes pas plus. Égoutter les truites.
3. Servir avec 170 g de beurre fondu additionné des jus de citrons et fortement salé et poivré, et les concombres. Parsemer de persil ou cerfeuil haché.

---

1 – Adapté de cuisine.journaldesfemmes

BLUE TROUT[1]

Ingredients:
750 ml court-buillon
1 fresh trout prepared by a fishmonger
25 ml vinegar
5 potatoes 100 ml Hollandaise sauce

Directions:
1. Place the trout into a small dish cotaining the vinegar and let it soak for a few moments, then turn it over so that it becomes completely blue.
2. Remove from the vinegar, place in a fish kettle and paoch gently in the hot court-buillon for a eight minutes.
3. Serve either in the fish kettle in which it was poached on the drainer or on a table napkin, garnished with picked parsley and accompanied by a dish of small boiled potatœs and a sauceboat of Hollandaise sauce.

---

1 – Adapted from cookitsimply.com

LA FONDUE

La fondue suscite un sourire entendu
Ce repas communal, un dîner dans un seul pot
Avec la famille, ou partagé avec les amis
La fondue semble provoquer la camaraderie

Enfermés par la neige et la glace d'hiver
Les montagnards des Alpes trouvent un moyen
D'allonger leurs rations de pain et de fromage
Voilà la fondue a répondu à l'appel

Commençant simplement avec le fromage fondu
Chaque région offre ses propres variations
Emmental, Gruyère, Appenzeller parmi les uns
Un soupçon d'ail et un bon coup de blanc sec

Le pain en cubes, le plus rassis possible
Pauvre type qui perd son pain dans la soupe…

FONDUE

Fondue provokes a wide smile
A community meal, a dinner in one pot
With the family or split with friends
Fondue seems to illicit good fellowship

Shut in by winter's snow and ice
Mountain men of the Alps found a way
To extend the provisions of bread and cheese
Fondue answered the need

Beginning with the simplest cheese fondue
Each region has its own variation
Emmenthale, Gruyere, Alpenzell among others
A dash of garlic, and a shot of white wine

Bread in cubes, the crustier the better
But pity the one who loses his bread in the pot.

LA FONDUE SAVOYARDE[1]

Ingrédients :
500 g de beaufort
2 à 3 verres de vin blanc (vin des Abymes)
400 g de comté
300 g de tomme de Savoie
¼ de reblochon (facultatif)
1 petit verre de kirsch
1 cuillère à café de Maïzena
1 gousse d'ail
1 gros pain à croûte (genre boule de campagne).

Préparation :
    1. Commencer par couper le pain en morceaux pour qu'il durcisse et couper le fromage en lamelles en enlevant les croûtes.
    2. Réserver le reblochon à part (il sera ajouté à la fin pour lier tous les fromages).
    3. Dissoudre une cuillère de Maïzena dans un petit verre de kirsch.
    4. Frotter le caquelon avec la gousse d'ail jusqu'à usure de l'ail.

---

[1] – Adapté de marmiton.org

5. Mettre à chauffer le vin blanc (feu moyen), quand il mousse, baisser le feu et ajouter petit à petit les fromages en lamelles en remuant avec une cuillère en bois en faisant des « 8 ».

6. Quand tout le fromage est fondu, ajouter le reblochon, et le kirsch + Maïzena.

7. Allumer le réchaud et poser la fondue dessus, remuer de temps en temps avec la cuillère en bois, c'est prêt à déguster.

FONDUE SAVOYARDE[1]

Ingredients:
1 clove garlic, peeled and crushed
1 ½ cups Savoyard white wine, or other light, dry white wine
1 lb. Beaufort or Gruyere cheese, grated or cubed 1 teaspoon freshly grated nutmeg freshly ground black pepper
¼ cup kirsch
8 slices French country bread, cut into 1" cubes, each one with a piece of crust

Directions:
1. Rub a medium heavy pot with garlic; discard garlic.
2. Add wine and bring to a boil over high heat.
3. Reduce heat to medium and gradually add cheese, stirring constantly with a wooden spoon, until cheese has melted. Do not boil. Continue to cook, stirring frequently, until mixture has thickened, about 20 minutes.
4. Add nutmeg, pepper to taste, and kirsch.
5. Transfer fondue to a chafing dish or fondue pot.
6. Serve with bread cubes and fondue forks. Stir frequently.
7. If fondue becomes too thick, stir in ¼ cup of dry white wine.

---

1 – Adapted from saveur.com

LA FRAISE DES BOIS

Plus petite, plus irrégulière, plus douce
Plus savoureuse et beaucoup plus laide
La fraise sauvage n'a rien à voir avec
Sa cousine de l'épicerie, celle-ci si parfaite,

Trouvée par les chemins et les routes en été
Elle a à peu près la taille d'un raisin
Récoltée à main une fraise après l'autre
Un peu de travail pour le plaisir qui vient

Douée comme tout, elle fait toutes choses mieux
Elle accompagne les tartelettes et la glace
Dans les crêpes ou le fruit d'une bonne confiture
Aux macarons, aux financiers, ou en liqueur

Une fois goûtée, les autres ne peuvent pas suffire
Le meilleur, les fraises de bois avec du champagne.

WILD STRAWBERRIES

Smaller, irregularly shaped, sweeter
Tastier and uglier
The wild strawberry is nothing like
Its cousin, the perfect ones in stores

Found along paths and roads
About the size of a grape
Picked by hand one by one
A little work for the pleasure to come

Versatile these, making everything better
Garnishing a tart or an ice cream
With pancakes or in a fruit preserve
As a macaroon, a cookie, or a *liquer*

Once tasted, the others pale
The best, wild strawberries and Champagne

TARTE AUX FRAISES ET CRÈME ANGLAISE[1]

Ingrédients :
Pour la crème anglaise :
500 g de lait
1 gousse de vanille (ou un sachet de sucre vanillé)
150 g de sucre en poudre
3 œufs.

Pour la tarte :
250 g de fraises
1 pâte brisée.

Préparation :
   1. Pour la crème anglaise, verser le lait dans une casserole assez grande.
   2. Fendre la gousse de vanille dans le sens de la longueur.
   3. Faire infuser dans le lait que l'on porte à l'ébullition.
   4. Séparer le blanc du jaune des œufs.
   5. Ouvrir délicatement les deux parties.
   6. Vérifier la fraîcheur des œufs.

---

1 – Adapté de marmiton.org

7. Verser une partie du lait bouillant dans le saladier des jaunes et sucre en battant avec le fouet ou le batteur.

8. Verser la préparation du saladier dans la casserole avec le lait bouillant restant.

9. Ne pas vous inquiéter de la mousse, elle va disparaître au fur et à mesure de la cuisson.

10. Travailler à feu doux en remuant constamment avec une cuillère en bois.

11. Surveillez le nappage de la cuillère.

12. Le mélange ne doit surtout pas bouillir ! Dès qu'elle est prête, retirer du feu.

13. Laisser refroidir au frais et mélanger de temps en temps pour éviter la formation d'une peau à la surface.

14. Pour la tarte, introduire la pâte brisée dans le plat, puis ajouter les fraises qui sont lavées et coupées en deux.

15. Ajouter délicatement la crème anglaise par-dessus ensuite mettre le plat dans le four.

STRAWBERRIES WITH CRÈME ANGLAISE[1]

Ingredients:
3 pts strawberries (fresh, rinsed and hulled)
¼ cup sugar
1. teaspoon vanilla extract
½ teaspoon fresh lemon juice
2. cups 1 % low-fat milk
2 large eggs (lightly beaten) 1/3 cup sugar 2 teaspoons vanilla extract

Directions:
1. Chop and mash 1 pint (2 cups) strawberries in a large bowl. Stir in ¼ cup sugar, 1 teaspoon vanilla, and lemon juice. Halve remaining 2 pints (4 cups) strawberries; add to mashed strawberries. Set aside.
2. Heat milk in a medium saucepan over medium heat until hot (do not boil). Combine eggs and 1/3 cup sugar in a medium saucepan; stir well with a whisk. Gradually add hot milk, stirring well. Cook, stirring constantly, over medium heat 6 minutes or until mixture coats back of a spoon (do not boil). Remove from heat and let cool.
3. Stir in 2 teaspoons vanilla extract. Cover and chill thoroughly. Spoon crème anglaise over berries to serve.

---

1 – Adapted from myrecipes.com

LE ROQUEFORT

C'est très répandu qu'il s'appelle le fromage bleu
Il est gras, il est lourd, un soupçon se suffit
Il y a que deux chemins, l'aimer ou non
Une fois le goût acquis, rien ne le remplace

Le fromage qui date du grand Charlemagne
Une histoire, une renommée, qu'on envie bien
La marque si valable, protégée par l'État
Juste une poignée de fabricants si chanceux

Sauf pour la géologie de l'endroit même
Grâce à ses grottes, ses caves et un climat parfait
Le lait des brebis s'affine aux champignons
Un fromage persillé marqué par des taches bleues

Servi aux endives ou comme sauce pour le bœuf
Rien n'égale un Roquefort, du pain et un bordeaux.

ROQUEFORT

Widely called a blue cheese
It's fat, heavy, a little will do
There are only two choices, like it or no
But the taste acquired, it can't be replaced

This cheese dates back to the great Charlemagne
A history, a fame, to be envied
The brand so valuable, protected by the state
Only a handful of fortunate producers allowed

But for the locality's geology itself
Credit its grottos, its caves and perfect climate
The milk from the sheep and mushroom ripened
Parsley gives the cheese its blue

Served with endive or as a sauce for beef
Nothing equals Roquefort and a good Bordeaux

GRATIN DE POMMES DE TERRE AU ROQUEFORT[1]

Ingrédients :
1,5 kg de pommes de terre à chair ferme
200 g de Roquefort
1 litre de lait concentré non sucré
4 cuillères à soupe de crème épaisse
75 g de beurre
6 jaunes d'œufs
1 oignon
4 gousses d'ail
2 brins de thym
sel et poivre.

Préparation :
1. Préchauffez le four à 180 °C.
2. Pelez les pommes de terre, lavez-les, essuyez-les et coupez-les en rondelles très fines.
3. Pelez et hachez l'ail, puis l'oignon.
4. Mettez les jaunes d'œufs, avec le lait concentré, dans une grande jatte.

---

1 – Adapté de lesfoodies.com

5. Ajoutez la crème épaisse, le roquefort émietté, l'ail et l'oignon, le thym effeuillé et les pommes de terre.

6. Salez, poivrez et mélangez bien.

7. Beurrez un plat à gratin ou des petits ramequins avec une partie du beurre.

8. Versez la préparation aux pommes de terre dedans, parsemez de noisettes du beurre restant, couvrez d'une feuille d'aluminium et faites cuire pendant environ 1 h 30.

9. Au bout d'une heure, retirez la feuille d'aluminium pour que le dessus puisse gratiner, servez très chaud.

ROQUEFORT POTATO GRATIN[1]

Ingredients:
5 ¼ pounds russet potatoes, peeled, cut into ⅛-inch-thick slices
2 cups whipping cream
5 ounces Roquefort cheese, crumbled
1½ cup dry breadcrumbs
1 ½ teaspoons crumbled dried rosemary ¼ cup (½ stick) butter, cut into small pieces

Directions:
1. Preheat oven to 425 °F. Butter 15 x 10 x 2-inch glass baking dish. Layer potatoes in prepared dish, sprinkling each layer with salt and pepper. Bring cream to boil in heavy medium saucepan. Reduce heat to medium. Add Roquefort to cream; whisk until cheese melts. Pour cream mixture over potatoes. Cover with foil. Bake until potatoes are tender, about 1 hour.

2. Preheat broiler. Mix breadcrumbs and rosemary in small bowl. Sprinkle over potatoes. Dot with butter. Broil until butter melts and crumb mixture is golden brown, watching closely, about 4 minutes.

Let stand 10 minutes. Serve warm.

---

1 – Adapted from epicurious.com

TRUFFES NOIRES

Grand nœud noir, enterré par-ci et par-là
Cette moisissure moche, que tout le monde cherche
De trouver ces coquines furtives souterraines
Avec un chien possédant un bon nez

Ou avec un cochon, un fouilleur sensible
Sans ce goût extravagant et sa complexité
Aurait pu rester calmement sous terre, pas dérangée
Il était une fois ou le seul moyen

Pour dire que la truffe est bien rare
À chercher, à cultiver, à acheter
Plus chère que l'or, et aussi le caviar
Et pour ça on l'appelle le diamant des gourmands

Ma chouchoute, la truffe est un aphrodisiaque
Demande à qui mange le chocolat avec les truffes.

BLACK TRUFFLES

Big black knot, buried randomly here and there
This ugly fungus, sought after universally
Without its extravagant and complex taste
Would reside peacefully underground

Once upon a time, there was but one way
To find these elusive subterranean rascals
Using a dog with a good nose
Or a pig with an intelligent root

To say that the truffle is rare
In harvesting, in growing, in buying
More expensive than gold, even caviar
And for this is called the diamond of gourmets

My pet, the truffle is an aphrodisiac
Just ask those who eat chocolate with truffles

OMELETTE AUX TRUFFES NOIRES[1]

Ingrédients :
25 g de truffes noires
8 œufs
50 g de beurre
sel et poivre.

Préparation :
1. Coupez les truffes noires en fines lamelles.
2. Mélangez-les avec les œufs, puis ajoutez le jus des truffes.
3. Laissez les truffes imprégner les œufs pendant 1 à 24 heures.
4. Battez les œufs et faites l'omelette en salant et poivrant.

Présentation :
Au moment de servir, garnissez le dessus de l'omelette avec deux ou trois lamelles de truffes.

---

1 – Adapté de truffefrance.com

OMELET WITH BLACK TRUFFLE AND ROBIOLA[1]

Ingredients:
2 tablespoons butter olive oil for the pan 4 eggs
¼ cup heavy cream
4 slices robiola
2 tablespoons chives
2 tablespoons parsley 7 oz shavings of black truffle

Directions:
1. Heat the butter and a drizzle of olive oil in a nonstick pan.
2. Whisk together the eggs and cream and add to the pan.
3. Stir the eggs until the omelet begins to scramble and then gently spread out the eggs to cover the pan.
4. Fill with the rest of the ingredients and fold over.

---
1 – Adapted from abcnews/mariobatali

LE POULET DE BRESSE

Qu'elle soit poulet, dinde, pintade,
La volaille de Bresse, la championne de toutes
Seul poulet avec l'appellation contrôlée
Le poulet, le plus cher au kilo dans le monde

Le résultant final de circonstances heureuses
La géographie, le climat et la bonne chance
Tout cela donnant une nouvelle importance
Un sens plus profond de terroir, même d'endroit

L'élevage, une part d'expérience, une autre de science
Un régime centré sur le blé et le lait
Une chair si tendre et blanche, qui fond dans la bouche
Un poulet en demande, mais il y en a très peu

Depuis longtemps le plat de choix à Noël
Juste le poulet rôti ou à la crème, formidable !

CHICKEN FROM BRESSE

Whether chicken, turkey, or guinea hen
Fowl from Bresse, is the overall champion
The only chicken with a registered name
The most expensive chicken per pound in the world

The result of most favorable circumstances
Geography, a good climate and a little luck
All this gives new meaning
A new importance to the idea of place

Raising chickens, part science the other experience
A diet centered on milk and wheat
A meat so tender and white, it melts in the mouth
A chicken in demand, but there are so few

Long the choice for the Christmas feast
But the chicken broiled or with a cream sauce, wonderful.

POULET DE BRESSE À LA CRÈME[1]

Ingrédients :
1 poulet de Bresse
240 g de beurre
1 oignon
1 feuille de laurier
60 cl d'eau
sel, poivre
farine
4 jaunes d'œufs
50 cl de crème.

Préparation :
1. Découper à cru une volaille de Bresse.
2. Faire fondre dans une sauteuse un bon morceau de beurre avec un gros oignon émincé et une feuille de laurier.
3. Y mettre à colorer les morceaux du poulet, puis saupoudrer d'un peu de farine et laisser encore blondir en remuant.
4. Mouiller alors de 3 ou 4 verres d'eau, saler, poivrer, bien mélanger et faire cuire une demi-heure à feu doux, à couvert.
5. Retirer les morceaux de poulet, les égoutter et les tenir au chaud.

---

1 – Adapté de marmitron.org

6. Faire bien réduire le bouillon de cuisson et, lorsqu'il est presque évaporé, mouiller d'un demi-litre de crème double dans laquelle vous aurez battu quatre jaunes d'œufs.

7. Monter en température sans bouillir et passer au chinois cette crème sur la volaille.

8. Maintenir au chaud quelques minutes et servir.

CHICKEN IN CREAM SAUCE[1]

Ingredients:
5 tablespoons butter
1 4-pound chicken, cut into 8 pieces ¾ teaspoon salt
¼ teaspoon ground black pepper
1 ¼ cup pearl onions, peeled
1 cup white mushrooms, cleaned with bottoms trimmed
1 shallot, thinly sliced
1 teaspoon granulated sugar
1 cup dry white wine
½ cup chicken stock
1. sprig fresh thyme
2. cups crème fraiche

Directions:
1. Season the chicken with the salt and pepper. In a large Dutch oven over high heat, sauté the chicken in the butter, turning once, until it is brown. The process will take about 3-4 minutes for each side.

Transfer the chicken to a plate and cover with foil to keep warm.

---

1 – Adapted from frenchfood.about.com

2. Turn the heat to medium and sauté the onions for 5 minutes. Add the mushrooms, shallots, and sugar to the pan. Sauté the mixture for 6-8 minutes, until the shallots turn soft and the mixture is caramelized.

3. Transfer the vegetables to a plate and cover with foil to keep warm.

4. Turn the heat to high, and deglaze the Dutch oven by bring the white wine to a simmer, scraping the browned bits from the bottom of the pan. Add the chicken stock, browned chicken, and thyme to the wine, cover, and lower the heat to low-medium. Braise the chicken for 10 minutes.

5. Turn the heat to medium high, add the crème fraiche to the Dutch oven, and simmer, uncovered, for an additional 10 minutes. The dish is ready when the sauce has reduced and thickened and the chicken is cooked through. Serve it hot with the caramelized vegetable garnish.

LE CALVADOS

Dans la Normandie, pays des bons aliments
Venant de la terre et la mer, tous les deux
Un pays non seulement de magnifiques chevaux
Mais aussi d'arbres fruitiers, parmi eux le joli pommier

Le fruit, source de la tentation d'Adam
Se trouve pourtant dans plusieurs états
Un fruit, un jus, et un cidre, fermenté
Effervescent, bu avec des crevettes

Quel génie a découvert la puissance de la pomme
Quand fermentée et distillée, avec un soin
Rendant un liquide d'une telle couleur brun doré
Entre les mets, ou comme digestif, il vaut bien

Mais un beau Calvados, dans une petite auberge,
À Honfleur, un bon 1916, de ce génial jus!

CALVADOS

In Normandy, land of great food
Coming from both the land and the sea
Not just countryside of regal horses
But of fruit trees, among those the beautiful apple

This fruit, the source of Adam's temptation
Exists in several states
A fruit, a juice, a fermented cider
With bubbles, and drunk with boiled shrimp

What genius discovered the power of the apple
When fermented and distilled with care
Yields a liquid of such a golden-brown color
Between courses or as digestive, it's good

But a great Calvados, in a small café
In Honfleur, one of 1916, of this magical juice

SORBET AU CALVADOS[1]

Ingrédients:
200 g de sucre
30 cl d'eau
1 gousse de vanille
cannelle
calvados
1 citron.

Préparation:
1. On mélange le sucre et l'eau, on joint la vanille fendue, et on fait bouillir.
2. On ôte du feu, on retire la vanille.
3. On joint du jus de citron et une pincée de cannelle. On glace en sorbetière.
4. Quand le sorbet commence à prendre, on ajoute 5 verres à liqueur de calvados, on bat le tout, et on fait glacer 3 heures de plus.
5. On dresse la glace dans des coupes, on surmonte avec une rondelle de citron mince.

---

1 – Adapté de receteesdecuisine.com

CALVADOS SORBET[1]

Ingredients:
1/3 cup water
½ cup sugar
1 ½ cups nonalcoholic sparkling cider 1/3 cup Calvados

Equipment:
An ice cream maker

Directions:
1. Bring water and sugar to a boil in a small saucepan, stirring until sugar has dissolved, then simmer 5 minutes. Transfer to a metal bowl set into an ice bath, then stir in cider and Calvados and quick-chill, stirring occasionally, until very cold, 15 to 30 minutes.

2. Freeze sorbet in ice cream maker, then transfer to an airtight container and put in freezer until soft-frozen, at least 2 hours. Stir before serving if separated.

---

1 – Adapted from epicurious.com

LES MOULES POULETTES

Ce bivalve, ce mollusque, couleur noir et gris
Et l'autre favori, l'huître, fruits de mer
Une fois hors de leur habitat de l'eau salée
Les moules sont délicates et périssables

Au bord de la mer est l'endroit le meilleur
Des mères et grands-mères de pêcheurs savent le mieux
Comment traiter les moules pour le meilleur goût
La Normandie ou la Bretagne sont idéales

La saison détermine le choix de recette
N'oublie pas le mythe des mois terminant en « r »
Que ce soit vrai ou pas, c'est une tradition qui dure
Mais ça laisse beaucoup de temps pour en jouir

En hiver, quand il fait froid, pluvieux ou brumeux
Les moules poulettes, crémeuses, riches sont le choix.

MUSSELS WITH CREAM SAUCE

This bi-valve, this mollusk of a grey black
And the other favorite, the oyster, fruits of the sea
Once plucked from their salty abode
They're delicate and perishable

By the sea, is the place ideal
The mothers and grandmothers of fishermen know best
How to cook the mussels in the very best way
Normandy and Brittany are the ideal

The time of year determines the recipe of choice
The myth of months that end in « r » not forgotten
Whether true or not, the tradition endures
Still it leaves a lot of time to enjoy

In winter, when it's cold, rainy and foggy
Mussels with rich cream is the easy choice

MOULES SAUCE POULETTE[1]

Ingrédients :
2 l de moules
15 cl de vin blanc
25 cl de bouillon de volaille
1 échalote
Beurre
Farine
10 cl de crème fraîche
1 œuf
jus de citron
persil
poivre.

Préparation :
1. Nettoyer les moules et les rincer à grande eau.
2. Faire fondre 20 g de beurre dans une cocotte, y ajouter l'échalote émincée finement et la faire blondir.
3. Ajouter les moules, 2 cuillères à soupe de persil ciselé, le vin blanc et le bouillon de volaille. Poivrer. Bien remuer les moules pour qu'elles s'ouvrent toutes.

---

1 – Adapté de cuisine.journaldesfemmes.com

4. Récupérer le jus des moules, réserver celles-ci au chaud. Dans la cocotte, faire fondre 25 g de beurre, ajouter d'un seul coup 25 g de farine, bien mélanger pour faire un roux. Ajouter une louche du jus des moules, fouetter, ajouter petit à petit le jus en fouettant bien.

Laisser réduire et épaissir à feu vif.

5. Dans un bol, mélanger la crème avec l'œuf, ajouter 1 cuillère à soupe de jus de citron. Verser une louche de sauce, mélanger.

6. Verser le contenu du bol dans la cocotte, bien mélanger, laisser épaissir. Remettre les moules, les mélanger intimement avec la sauce, décorer avec le restant de persil ciselé et servir très chaud.

MUSSELS WITH POULETTE SAUCE[1]

Ingredients:
2 cups dry white wine
2 pounds large mussels, scrubbed and debearded
2 tablespoons unsalted butter
1 tablespoon all-purpose flour
1 cup thinly sliced mushrooms, such as shiitake or oyster (3 ounces)
½ cup heavy cream juice of 1 lemon (about 2 tablespoons) 1 teaspoon coarse salt
¼ teaspoon freshly ground pepper ½ cup grated Gruyère cheese (1 ounce)

Directions:
1. Bring the wine to a simmer in a large skillet over high heat. Add the mussels, and cook, stirring frequently, until they have opened, up to about 5 minutes. Transfer the mussels as they open to a bowl to cool. Strain the cooking liquid through a fine-mesh strainer into a measuring cup, reserving 1 cup liquid and discarding any grit.

2. Discard any mussels that did not open or that have broken shells. Open each mussel, discarding the empty half-shell. Loosen

---

1 – Adapted from epicurious.com

each mussel from its shell, and arrange the mussels on an ovenproof platter or rimmed baking sheet. Cover with plastic wrap; refrigerate while making the sauce.

3. Mash 1 tablespoon butter with the flour until smooth; set aside. Melt the remaining tablespoon butter in a small saucepan over medium heat. Add the mushrooms, and cook until tender, about 4 minutes. Add the reserved mussel liquid, and bring to a boil. Whisk in the butter-and-flour mixture. Whisk in the cream, lemon juice, salt, and pepper. Simmer until reduced by two-thirds and thickened. Remove the pan from the heat, and keep warm.

4. Heat the broiler. Position the rack 3 to 4 inches from the heat. Remove the mussels from the refrigerator, and spoon sauce over each one until well coated. Sprinkle with grated cheese, and place under the broiler until golden brown, 3 to 4 minutes. Serve immediately.

LA CHOUCROUTE

Spécialité alsacienne apportée à Paris
Cette région bien connue pour sa charcuterie
Ce plat goûtu de saucissons, et de choucroute
De pommes de terre préparées à la vapeur

Après la guerre désastreuse franco-prussienne
Les Alsaciens ont migré vers Paris,
Portant leur culture incluant leurs brasseries
La choucroute et la bonne bière à la pression

Le plat est une célébration festive du porc
On ne quitte pas la table en ayant faim
Les amateurs de la choucroute sont très stricts
Les saucisses de Strasbourg et de Montbéliard exigées

Seulement dans les bistros de Paris ou en Alsace même
Malheureusement la choucroute ne s'exporte pas trop loin.

CHOUCROUTE

The Alsatian specialty, brought to Paris
A region know for its dried and cured meats
This dish known for its sausages and sauerkraut
And potatœs prepared, the steamed version

After the disastrous Franco Prussian War,
The Alsatians fled to Paris
Carrying their culture including the breweries
The *Choucroute* and the draft beer

The plate itself is a celebration of pork
No one leaves the table still hungry
Lovers of *Choucroute* are strict
The sausages of Strasbourg and Montbéliard are required

Only in the bistros of Alsace or in those of Paris
Unfortunately, the *Choucroute* dœsn't travel far.

LA CHOUCROUTE[1]

Ingrédients :
2. kg de choucroute
3. ou 4 oignons
1 ou 2 échalotes
1. vingtaine de baies de genièvre
2. cuillères à café de baies de coriandre
2 cuillères à café de cumin (ou carvi)
1 peu de poivre et sel
1 palette fumée
1 kg de lard à cuire
1 douzaine de saucisses viennoises
8 saucisses de Montbéliard
1,5 kg de pommes de terre
½ l de bière blonde
½ l d'eau.

Préparation :
1. Émincer les oignons et les échalotes. Faire blondir oignons et échalotes dans une graisse au choix. Réduire le feu sous la cocotte et y déposer dans le fond, le lard coupé en morceaux.

---

1 – Adapté de cuisine.journaldesfemmes.com

2. Donner un petit bain rapide à la choucroute. En prélever quelques poignées, presser pour l'essorer et en recouvrir le lard. Répartir également la moitié des baies et des épices. Ajouter la palette au milieu de ce nid de choucroute et recouvrir avec le reste du chou, des épices et des baies.

3. Ajouter la bière, l'eau et fermer la cocotte. Ne pas oublier la soupape.

Laisser cuire 1 heure après les premiers chuchotements.

CHOUCROUTE GARNIE[1]

Ingredients:
1 lb smoked bacon, halved lengthwise ¼ cup of duck fat
12 oz (4 links) Bratwurst 1 teaspoon of whole black peppercorns
10 whole cloves
4 garlic cloves, thinly sliced
3 bay leaves
1.5 cups of chicken stock ½ rack of baby back ribs halved crosswise
1 lb (2.5 cups) sauerkraut, drained
teaspoon of juniper berries
1.5 cups dry white Reisling 1 lb baby red-skin potatoes assorted mustards & crusty bread

Directions:
1. In an 8-quart Dutch oven, heat the duck fat over medium-high heat. Working in batches, cook the kielbasa, bacon, bratwurst and ribs, turning as needed, until golden brown, 4 to 6 minutes for the kielbasa and bacon, and 6 to 8 minutes for the bratwurst and ribs. Transfer each to a plate.

---

1 – Adapted from tastingtable.com

2. To the pot, add the sauerkraut, juniper berries, peppercorns, cloves, garlic and bay leaves. Cook until warmed through and fragrant, 3 minutes. Add the reserved meats, the stock and white wine, and bring to a simmer. Cook, covered, until the meat is tender, 1 hour. Add the potatoes and continue to cook until tender, 25 to 30 minutes more.

3. Transfer the meats to a cutting board and slice. Arrange on a platter with the braised sauerkraut and potatoes on the side, then serve with assorted mustards and crusty bread.

LE POIREAU

Quel beau légume, vert et blanc, ce cousin de l'ail
Ses grandes feuilles vertes font saillie du sol
Cachant ce qu'on cherche, le blanc du poireau
Légume potager, la base de tant de plats

À l'origine, des pays du Moyen-Orient,
Ancien symbole des Gaulois en bataille
Ridiculisés comme les asperges des pauvres
Et souvent un substitut pour le phallique

Souvent mangés froids ou chauds à la sauce de choix
Les poireaux également se trouvent dans les potages
Avec un goût qui évoque un peu l'oignon
Plus léger, une texture d'asperge tendre

Bien dommage pour les gentils gourmands étrangers
Hors de la France le poireau est peu connu.

LEEKS

Such a beautiful vegetable, green and white, cousin of garlic
Its great green leaves shooting up from the soil
Hiding that for which we search, the white of the leek
A legume for stock, the base of so many dishes

Originating from the lands of the Middle East
An old symbol on the standards of the Gauls in battle
Ridiculed as the poor man's asparagus
Sometimes a stand-in for the phallic

Often consumed, cold or hot with a chosen sauce
The leek also is found in many soups
With a taste somewhat like an onion
But lighter with a texture like asparagus

Pity those nice gourmands from afar
Outside France, don't know the leek

GRATIN DE POIREAUX[1]

Ingrédients :
blancs de poireaux
riz
cubes de jambon
crème liquide.

Préparation :
1. Coupez les blancs de poireaux en tronçons et les faire rapidement revenir dans un peu de matière grasse.
2. Faire cuire un verre de riz.
3. Mélangez les 2 préparations.
4. Ajoutez des cubes de jambon blanc.
5. Mélangez le tout avec de la crème liquide.
6. Saupoudrez de gruyère râpé.
7. Faire gratiner au four.

---

1 – Adapté de recette.aufeminin.com

LEEKS GRATIN[1]

Ingredients:
8 medium leeks, white and light-green parts only
1 ¾ cups heavy cream coarse salt and ground pepper 1/3 cup grated Pecorino Romano cheese

Directions:
1. Preheat oven to 375 degrees. Halve leeks lengthwise, leaving halves attached at root, and rinse well, shaking off water.
2. In a large skillet, combine cream and leeks; season with salt and pepper. Bring to a boil over medium-high; reduce to a medium simmer, cover, and cook 5 minutes. Uncover and simmer until leeks are tender, 15 minutes. Transfer leeks and sauce to a shallow 2-quart baking dish.
3. Sprinkle with cheese and bake until golden and bubbling, about 35 minutes. Let gratin rest 10 minutes before serving.

---

1 – Adapted from marthastewart.com

SOURCES DES RECETTES
RECIPE SOURCES

Un Livre Gourmand, food.com, labonnecuisine.be, allrecipes.com, marmiton.org, Tyler Florence, lesfoodies.com, sbs.com, aufeminin.com, thekitchen.com, notrefamille.com, goodhousekeeping.com, journaldesfemmes.com, barefootcontessa.com, epicurious.com, iga.net yummy.com/Annabel Langbien, danslacuisinedesophie.com, telegraph.co.uk, cuisine-france.com, myrecipes.com, grainsdeseletgourmandise.com, Williams-Sonoma Breakfast Comforts, Rick Rodgers jamesbeard.org, cookitsimply.com, saveur.com, myrecipes.com, truffefrance.com, ABC News/Mario Batali frenchfood.about.com, recettesdecuisine tastingtable.com, recetteaufeminin.com, marthastewart.com

www.ingramcontent.com/pod-product-compliance
Lightning Source LLC
Chambersburg PA
CBHW060529080526
44586CB00012B/671